Raúl Gaston Krüger

Interaktion zwischen Lehrkräften und Mädchen und Jungen

GRIN Verlag

Bibliografische Information der Deutschen Nationalbibliothek:

Die Deutsche Bibliothek verzeichnet diese Publikation in der Deutschen National-
bibliografie; detaillierte bibliografische Daten sind im Internet über http://dnb.d-
nb.de/ abrufbar.

Impressum:

Copyright © 2010 GRIN Verlag, Open Publishing GmbH
Druck und Bindung: Books on Demand GmbH, Norderstedt Germany
ISBN: 978-3-640-96924-1

Dieses Buch bei GRIN:

http://www.grin.com/de/e-book/175794/interaktion-zwischen-lehrkraeften-und-
maedchen-und-jungen

GRIN - Your knowledge has value

Der GRIN Verlag publiziert seit 1998 wissenschaftliche Arbeiten von Studenten, Hochschullehrern und anderen Akademikern als eBook und gedrucktes Buch. Die Verlagswebsite www.grin.com ist die ideale Plattform zur Veröffentlichung von Hausarbeiten, Abschlussarbeiten, wissenschaftlichen Aufsätzen, Dissertationen und Fachbüchern.

Besuchen Sie uns im Internet:

http://www.grin.com/

http://www.facebook.com/grincom

http://www.twitter.com/grin_com

Eberhard Karls Universität Tübingen
Institut für Erziehungswissenschaft
Seminar: Mädchen und Jungen in Schule und Unterricht

Schriftliche Ausarbeitung zum Referat

„Interaktionen zwischen Lehrkräften und Mädchen und Jungen"

gehalten am 25.11.2009

im Rahmen der Lehrveranstaltung „Mädchen und Jungen in Schule und
Unterricht" im Wintersemester 2009/10
an der Eberhard Karls Universität Tübingen.

Persönliche Ausarbeitung von Raúl Gaston Krüger
Fächer: LA Englisch/Deutsch/Musik (5./5./1. Sem.)

Inhaltsverzeichnis

Einleitung

Das Referat wurde gemeinschaftlich ausgearbeitet. Die Sekundärliteratur wurde von allen Referenten bearbeitet und nach beliebiger Aufteilung exzerpiert, sodass jedem Exzerpte aller der in der Bibliographie angegebenen Aufsätze und Buchkapitel vorlagen. So wollten wir sicherstellen, dass jeder der Referenten auch einen guten und fundierten Gesamtüberblick über das Thema und seine Inhalte hat, zudem konnten wir dem Plenum ein Exzerpt des zur Referatsvorbereitung zu lesenden Textes zu Verfügung stellen. Anschließend haben wir uns getroffen, um inhaltliche Unklarheiten gemeinsam zu besprechen und Hauptaussagen der gelesenen Forschungsbeiträge herauszuarbeiten und festzuhalten. Zusätzlich haben wir zwei Fragebögen entworfen, die in zwei Schulen ausgefüllt werden sollten. Allerdings bestanden beide Schulleiter auf die Zustimmung der Eltern zu einer derartigen Befragung, sodass die Studie aufgrund von verspäteten Zustimmungserklärungen leider nicht mehr rechtzeitig durchgeführt werden konnte. In einem weiteren Treffen haben wir uns die didaktische Aufarbeitung und den Aufbau der Präsentation überlegt und für jedes inhaltliche Kapitel einen Verantwortlichen bestimmt, dem die Aufgabe zukam, das entsprechende Teilgebiet beim Referat im Plenum vorzustellen und dessen Inhalte noch einmal dementsprechend aufzuarbeiten und auszuwählen. Wir haben uns dabei auf folgende Gliederung verständigt: 1. Einleitung und Hinführung (mit Ausfüllen der Studie); 2. Die SchülerInnen aus Lehrersicht; 3. Die LehrerInnen aus Schülersicht; 4. Konkretisierungsbeispiel: Die Notengebung aus beiden Perpektiven; 5. Fragen, Auswertung der Studie und Abschlussdiskussion.

Mir kamen dabei der erste Teil, Einleitung und Hinführung, einschließlich der Durchführung unserer Studie mit den Seminarteilnehmern, sowie deren Auswertung und die Moderation der Abschlussdiskussion im letzten Teil zu. Darüber hinaus habe ich die Aufgaben übernommen, das Handout und die Powerpoint-Präsentation aus den Einzelbeiträgen der anderen Referenten zusammenzufügen.

Aufgrund dieser Aufteilung werde ich den Schwerpunkt in dieser Arbeit auf die Gliederungspunkte 1 und 5 im Referat legen, in denen vor allem der praktische und der Bezug zum Plenum die herausragende Rolle spielen. Entsprechend wird in dieser Arbeit eine ausführlichere Auswertung unserer kleinen Studie behandelt, die in den Ausarbeitungen der anderen Referenten dafür keine Beachtung mehr findet. Die inhaltlichen Schwerpunkte der anderen Kapitel werden deshalb an dieser Stelle ausgespart. Abschließend wird das Referat im Ganzen reflektiert und die wichtigsten Inhalte werden noch einmal herausgehoben und verknüpft.

Einstieg und Hinführung

Um das Interesse des Plenums für unser Thema gleich zu Beginn zu gewinnen, haben wir dem Referat folgendes Rollenspiel vorangestellt, das extreme, aber durchaus realistische Szenen aus der alltäglichen Interaktion zwischen Lehrkräften und SchülerInnen abbilden sollte. Die fiktiven Szenen sind von einigen Beispielen aus der Sekundärliteratur und von persönlichen Erfahrungen inspiriert.

1. Szene) Lehrer: *Hallo liebe Kinderchen, noch Fragen zur letzten Stunde?*
Schülerin1: *Ich versteh des nicht ganz, wie des jetzt noch mal mit der Schwerkraft war?!*
Lehrer: *Also, als Betthäschen bist du ja ganz gut zu gebrauchen, aber von Physik hast du keine Ahnung!*

2. Szene) Schülerin2 isst lautstark ein Brötchen.
Lehrer: *An deiner Stelle würd ich mir ganz genau überlegen, ob ich mir das noch reinstopfen will!*

3. Szene) Lehrerin: *Morgen!* (schlägt ihre Tasche auf den Tisch) *Hausaufgaben raus! Wer hat sie nicht? Raúl, du schon wieder?*
Schüler: *Haben sie schon wieder ihre Tage? Wird Zeit, dass sie in die Wechseljahre kommen!*

4. Szene) Lehrerin: *Hä, warum geht das denn jetzt nicht?*
Schüler: *War ja klar! Frauen und Technik!*

Zum Einstieg wollten wir dabei, dass das Plenum die Szenen ernst nimmt und intuitiv begreift, dass hier die Interaktion nicht gut verläuft. Ganz gezielt haben wir in den vier Szenen viele der Hauptpunkte aufgegriffen, die die Interaktion zwischen Schülern und Lehrern verschlechtern. Diese wurden auch von der Literatur kritisiert und werden im Referat an anderer Stelle wieder aufgegriffen. In den einzelnen Szenen sind es Folgende:

In der ersten Szene ist es ein völlig unnötiger sexueller Bezug des Lehrers, zudem weicht er (zumindest vorrangig) einer berechtigten inhaltlichen Frage aus. Desweiteren verletzt der Lehrer auf unangemessene Weise die Intimsphäre der Schülerin, angesichts des Machtgefälles zwischen den beiden kann man sogar von einer Form sexueller Belästigung sprechen.

In der nächsten Situation ist der Lehrer in seiner Aussage zwar nicht eindeutig, doch obwohl es sich wie eine unter Umständen berechtigte Ermahnung (das Essen im Unterricht zu unterlassen) anhört, schwingt auch eine sehr beleidigende Aussage mit. Nimmt man an, dass die Schülerin übergewichtig ist, kann sie dadurch leicht persönlich gekränkt sein, diese Überschreitung auf die persönliche Ebene steht dem Lehrer wiederum keineswegs zu. In diesem

Beispiel sollte auch verdeutlicht werden, dass Doppeldeutigkeiten häufig bewusst sowohl von Lehrkräften, als auch von SchülerInnen benutzt werden, sodass Aussagen zwar ‚juristisch' in Ordnung sind, auf anderer Ebene aber deutlich über das Ziel hinausschießen.

Szene drei verdeutlicht zum einen das Problem, dass Lehrkräfte und SchülerInnen gleichermaßen außerschulische Probleme und Missstimmungen mit in den Unterricht und diese teils zu Unrecht aneinander auslassen. Dabei ist das mürrische Verhalten der Lehrerin nicht wünschenswert, noch viel weniger die respektlose, persönlich beleidigende und auch wieder sexuell konnotierte Antwort des Schülers.

Die vierte Szene sollte den klassischen und alltäglichen Fall der immer noch fest verankerten geschlechtsspezifischen Vorurteile im gegenseitigen Umgang miteinander illustrieren.

Um nach dem kurzen intuitiven Einstieg bewusst an das Thema heranzutreten, sollte das Plenum im zweiten Teil des Einstiegs aus Lehrersicht Vorstellungen zusammentragen, die man mit einem/r ‚guten' bzw. einem/r ‚schlechten' SchülerIn verbindet. Da Interaktion sehr stark von gegenseitigen Vorstellungen geprägt ist, erschien das als eine gute Gelegenheit, eigene Vorstellungen und Erwartungen bewusst zu machen. Zu einem späteren Zeitpunkt wurde im Referat auch dargestellt, dass enttäuschte Erwartungen zu einer Verschlechterung der Interaktion führen können und dass sie es im Alltag oft genug tatsächlich führen, teils auch unnötig. Im Plenum solche Wünsche und Erwartungen zusammenzutragen, sollte zum einen diesen späteren Inhalt vorbereiten, zum anderen auch auf die Problematik unterschiedlicher Perspektiven hinweisen. Zu diesem Zweck wurden daraufhin die erarbeiteten Vorstellungen der (angehenden) LehrerInnen mit denen von SchülerInnen verglichen.[1] Es wurde dabei offensichtlich, dass man als Lehrer auch mit bestem Willen und hohem Aufwand den Anforderungen von Schülerseite nicht gerecht werden kann. Denn ein Balanceakt zwischen „nett, freundlich, hilfsbereit, spontan, lustig, kreativ, selbstsicher, cool, chillig, witzig (macht Jokes), lässig, nicht zu streng, (immer) gut gelaunt […], Schüler freundlich neckend/ärgernd" sein und der Anforderung auf der anderen Seite dennoch immer „rücksichts- und verständnisvoll, durchsetzungsfähig, für Ruhe sorgend, gerecht" zu sein, kann selbstverständlich nicht immer glücken. Auf der anderen Seite tragen Schüler auch Erwartungen und Wünsche an Lehrende heran, denen man als Lehrkraft sicher nicht unbedingt entsprechen muss: „[N]icht zu viele Hausaufgaben geben, leichte Tests/KA's schreiben", sollten schließlich nicht zwingend Kriterien für eine gute Lehrkraft sein. Die Erkenntnis nicht alle Erwartungen der Schülerschaft erfüllen zu können, so wie dessen Umkehrung, dass sich SchülerInnen auch

---

[1] Die Vorstellungen von SchülerInnen wurden uns von der Referatsgruppe der Vorwoche um Beate Locher aus deren empirischer Studie zur Verfügung gestellt.

nicht immer unseren Erwartungen entsprechend verhalten können, sollte im Bezug auf das Thema der Interaktion zwischen beiden Parteien weiter sensibilisieren und die Schwierig-keiten ebendieser Interaktion verdeutlichen.

Insgesamt sollte also das Rollenspiel einen ersten Einstieg ins Thema ermöglichen, der dann durch das Zusammentragen der Vorstellungen und den Vergleich mit den Vorstellungen der ‚anderen' Seite ergänzt werden sollte, um noch näher zum Thema hinzuführen. Desweiteren sollten in dieser Form der Einleitung Erfahrungen gewonnen werden, die das Verständnis in den weiteren Kapiteln vereinfachen sollten, beispielsweise durch Erinnern an eine vergleichbare Szene im Rollenspiel.

Die Studie

Im Anschluss wurde unsere Studie, die aus oben genannten Gründen leider nicht rechtzeitig an Schulen durchgeführt werden konnte, im Plenum ausgegeben. Dazu wurden der Lehrer-und der Schülerfragebogen gemischt ausgeteilt, die eine Hälfte sollte dann aus Lehrersicht, die andere aus Schülersicht ausgefüllt werden. Insgesamt wurden 19 Lehrerfragebögen (fünf von männlichen Seminarteilnehmern, 14 von weiblichen Seminarteilnehmerinnen) ausgefüllt und 16 Schülerfragebögen (fünf von männlichen Seminarteilnehmern, elf von weiblichen Seminarteilnehmerinnen). Selbstverständlich verliert die Studie dadurch an Aussagekraft, dass sie weder von ‚echten' SchülerInnen, noch von ‚echten' LehrerInnen ausgefüllt worden ist. Auf der anderen Seite, sind alle Seminarteilnehmer selbst einmal SchülerInnen gewesen und an der Universität immer noch in der Rolle der Lernenden, sowie allesamt Lehramts-studenten, zum großen Teil auch mit praktischer Lehrerfahrung, sodass dieser Faktor nicht überbewertet werden muss. Schwerer wiegt dahingehend die geringe Gesamtanzahl der ausgefüllten Fragebögen, sodass sie als empirische Studie keineswegs den Anspruch erheben kann, valide Ergebnisse ermittelt zu haben oder generell als aussagekräftig anerkannt zu werden. Dennoch zeigt sie einige Tendenzen auf, die es verdienen im Rahmen dieser Arbeit besprochen zu werden. Diese Tendenzen wurden am Ende des Referats – unter Zeitnot deutlich verkürzt – im Plenum bereits präsentiert und diskutiert.[2]

Die Zustimmung zu den einzelnen Items konnte von 1 (stimmt voll und ganz) bis 5 (stimmt ganz und gar nicht) durch volle Zahlen vergeben werden, bei der Auswertung wurden die Durchschnittswerte auf 0,3 Stellen genau (in Ausnahmefällen zusätzlich auf x,5) gerundet.

---

[2] Die Fragebögen sind im Original im Anhang zur Arbeit zu finden.

Eine Unterscheidung der Ergebnisse nach Geschlecht der Ausfüllenden wurde nur in drei Fällen nötig, sonst stimmten die Ergebnisse der beiden Geschlechter auf die Rundung genau überein. Es folgt eine kurze Darstellung der Ergebnisse, die anschließend kommentiert wird:

Frage	Schülerfragebogen	Lehrerfragebogen
1)	3,7	3
2)	♀ 2,3; ♂ 3,7	1,5
3)	4	2,7
4)	3	3,3
5)	4	2,3
6)	3,5	2,7
7)	3,3	3
8)	3,3	2,7
9)	♀ 3,5; ♂ 5	2,7
10)	♀ 2,3; ♂ 3,3	2,3

Die Studie hat gezielt gängige Vorurteile und Annahmen bei den Fragestellungen mit aufgenommen. Da viele Fragen auf ein ‚mehr oder weniger' abzielen, können Items die mit 2,7; 3,0 oder 3,3 bewerten wurden guten Gewissens als ‚weder noch' eingestuft werden. Das gilt zum Beispiel beim Schülerfragebogen für die Fragen 4), 7) und 8). Nach Einschätzung unseres Plenums wirkt ein Lehrer also nicht autoritärer als eine Lehrerin (3,0), er greift in Sachen Disziplin auch nicht härter durch (3,3) und Lehrerinnen machen nicht häufiger Gruppenarbeiten als Lehrer (3,3).

Im Lehrerfragebogen räumt das Plenum sogar noch mehr Vorurteile und Annahmen aus, die Fragen 1), 3), 4), 6), 7), 8) und 9) werden neutral bewertet. Dabei muss man jedoch festhalten, dass es sich dabei keineswegs um Realitäten handelt, sondern um Wahrnehmung, vor allem Selbstwahrnehmung. Die Ergebnisse widersprechen, wie noch diskutiert werden wird, zahlreichen Studien. Ursachen dafür können zum einen ein höheres Bewusstsein und ein höherer Grad der Sensibilisierung des Plenums durch den Umgang mit dem Thema sein, zum anderen auch ein milderes Selbsturteil, wie sie beispielsweise durch den Better-Than-Average Effekt (Alicke 1995) begründet sein könnten. Selbst wenn der Wunsch stärker als die Wirklichkeit sein sollte, ist doch erfreulich, dass das Plenum die Arbeit mit Mädchen nicht als unkomplizierter gegenüber der Arbeit mit Jungen (3,0) ansieht, es mit Mädchen und Jungen in gleichem Maße gern arbeitet (mit 1,5 die deutlichste Zustimmung innerhalb der Studie) und es sein Verhalten gegenüber Mädchen und Jungen nicht sonderlich differenziert (3,3). Dass diese Ergebnisse in der Praxis so leider nicht widergespiegelt werden bestätigen zahlreiche Studien: Budde stellt beispielsweise fest, dass einige Lehrer ‚kumpelhafter' mit Jungen umgehen, dabei oft auch persönliche Grenzen unterscheiden, während Lehrerinnen häufig dazu neigen, Mädchen vor Jungen in Schutz zu nehmen (Budde 2005). Diese Mädchenprotektion korreliert häufig auch mit einer größeren Sympathie mit den Mädchen, auf Grundlage einer besseren Identifikation. Desweiteren ermitteln Frasch/Wagner beim Lobverhalten erschreckende Unterschiede zwischen den Geschlechtern, so haben Mädchen durchschnittlich nur eine 62 prozentige Chance im Vergleich zu Jungen gelobt zu werden. Auf der anderen Seite spricht Budde an, dass es häufig vorkommt, dass Jungen für ein Vergehen diszipliniert werden, das bei Mädchen ignoriert wird. Leider scheinen die Ergebnisse dieser Studie von der Praxis noch nicht bestätigt zu werden. Das gilt auch, für die die Annahmen, dass Jungen im Schnitt interessierter sind (2,7), stärker mündlich arbeiten (2,7) und Mädchen schriftlich besser sind (2,7). Unsere Studie unterstützt – trotz minimaler Tendenzen – keine der drei Annahmen. In der Praxis hingegen wurde im Hinblick auf die Mitarbeit der Jungen zum Beispiel festgestellt, dass diese signifikant häufiger drangenommen werden und deren Beiträge auch von Lehrern unbewusst als wertvoller eingestuft werden (Frasch/Wagner 1982). Im Endeffekt scheint es also doch möglich, dass Jungen den Unterricht mündlich stärker beeinflussen als Mädchen.

Am deutlichsten widersprechen die Ergebnisse der Studie denen anderer Studien im Hinblick auf die Disziplin der Jungen: Die Items ‚Unruhe und Störverhalten geht im Schnitt eher von Jungen aus als von Mädchen' (2,7) und ‚Die Vermittlung von Regeln und Disziplin ist bei Jungen eher notwendig als bei Mädchen' (3,0) wurden beide nicht zu Ungunsten der Jungen beantwortet. Sowohl Frasch/Wagner als auch Budde halten fest, dass Jungen wesentlich häufiger diszipliniert werden als Mädchen. Auch wenn Erstere gleichermaßen beobachten, dass Mädchen für vergleichbare Disziplinverstöße weniger ermahnt werden, erklärt dass noch nicht den deutlichen Unterschied, dass Jungen zweieinhalb mal so oft diszipliniert werden wie Mädchen (Frasch/Wagner 1982). Auch Jürgen Budde führt an, dass Jungen häufiger negativ auffallen als Mädchen. Ohne noch weitere Beispiele aus der Forschung anzuführen, kann man festhalten, dass in Bezug auf Disziplinprobleme scheinbar ein Unterschied zwischen den Geschlechtern existiert, den unsere Studie nicht erkennt.

Aus Schülersicht gibt es noch einige klare Positionen, die das Plenum im Hinblick auf die LehrerInnen bezieht. Durch Zusätze wie ‚stets' und ‚immerzu' forderten die Fragen klare Antworten heraus, anders wäre es jedoch schwierig geworden, bei einer so kleinen Stichprobe

Aussagen zu treffen. Die Positionen des Plenums sind: Frage 1) Eine weibliche Lehrkraft ist ihm nicht lieber als eine männliche (3,7); Frage 3) in naturwissenschaftlichen Bereichen ist ein Lehrer nicht stets kompetenter (4,0) und Frage 5) Lehrerinnen bevorzugen Mädchen in einer Klasse nicht immerzu (4,0). Zu beachten ist vor allem Frage 5), da die von Budde (Budde 2005) erwähnte Mädchenprotektion der Lehrerinnen durchaus als Bevorzugung ausgelegt werden könnte. Auf der anderen Seite sind die Erwartungen der Lehrkräfte an Mädchen höher (Enders-Dragässer/Fuchs 1989, 73) und Jungen werden deutlich häufiger gelobt (Frasch/Wagner 1982). Es wäre also durchaus die Frage umgekehrt noch einmal zu stellen und auf Lehrkräfte beider Geschlechter auszuweiten: Lehrkräfte bevorzugen die jungen in einer Klasse.

Aus Lehrersicht gibt es ebenfalls Items die recht deutlich bewertet wurde: Frage 5) Mädchen reagieren anders auf meine Person als Jungen (2,3) und Frage 10) Mädchen zeigen ein stärker ausgeprägtes Verantwortungsbewusstsein (Pünktlichkeit, Erledigung von Hausaufgaben, ...) (2,3). Das Ergebnis zu Frage 5) überrascht zunächst nicht, Lehrkräfte werden von Mädchen anders behandelt als von Jungen. Das spiegelt deutlich wieder, dass beide Geschlechter nach wie vor sehr unterschiedlichen Rollen- und Handlungsmustern unterliegen und sich im Schnitt immer noch stark daran orientieren. Die Forschung stellt ähnliche Ergebnisse fest (vgl. u.a. Budde 2005 und 2008; Enders-Dragässer/Fuchs 1989). Vermutlich spielen dabei auch archaische Strukturen, die insbesondere in der Pubertät besonders wirken, dabei eine nicht zu vernachlässigende Rolle. Anders scheint es sich da bei dem Verantwortungsbewusstsein der Mädchen in Frage 10 zu verhalten. Die tugendhafte Zuschreibung des Fleißes zum weiblichen Geschlecht scheint beispielsweise sehr durch die Gesellschaft bestimmt zu sein, Ansatzpunkte dafür können Vergleiche mit anderen Kulturkreisen, zum Beispiel dem asiatischen, sein. Festzuhalten bleibt, dass auch die Wahrnehmung des Plenums die Annahme bestätigt, Mädchen zeigen ein stärker ausgeprägtes Verantwortungsbewusstsein.

Nicht so aussagekräftig ist lediglich das Ergebnis zu Frage 6) auf dem Schülerfragebogen: Bei einer Lehrerin ist der Unterricht stets interessanter gestaltet als bei einem Lehrer. Das Ergebnis von 3,5 hat eine leichte Tendenz zur Verneinung des Items, auf der anderen Seite verlangt ‚stets' schon eine recht deutliche Position, sodass diese auch nicht aussagekräftig genug ist. Zudem kann der Zusatz ‚(verstärkter Einsatz von Medien, ...)' als Anspielung auf das Vorurteil des schlechteren Technikverständnisses weiblicher Lehrkräfte verstanden worden sein, was die Qualität der Aussage in zwei Richtungen deutbar macht und somit die Frage zur Auswertung unbrauchbar macht.

Viel interessanter und aussagekräftiger sind dagegen die Fragen 2), 9) und 10) auf dem Schülerfragebogen, bei denen sich das Ergebnis abhängig vom Geschlecht des Ausfüllenden signifikant unterscheidet. Der große Unterschied bei Frage 9) überrascht dabei am wenigsten, weibliche Teilnehmerinnen können sich deutlich besser mit einer Lehrerin identifizieren als mit einem Lehrer und diese erfüllen für sie eher eine Vorbildfunktion (3,5). Männliche Teilnehmer dagegen können das überhaupt nicht von sich behaupten (5,0). Auf den ersten Blick erscheint es erstaunlich, dass trotz des deutlichen Geschlechterunterschiedes insgesamt auch keine hohe Übereinstimmung mit dem Item gegeben ist. Man kann annehmen, dass das vor allem am zweiten Teil ‚Lehrerinnen erfüllen eher eine Vorbildfunktion' liegt, da sich die weiblichen Studienteilnehmerinnen vermutlich tatsächlich besser mit Lehrerinnen identifizieren können als mit Lehrern. Es lassen sich noch Überlegungen anstellen, inwiefern das eigene Geschlecht als Vorbild richtungsweisend ist oder inwieweit weibliche Teilnehmerinnen gegengeschlechtliche Vorbilder haben oder vice versa. Das führt an dieser Stelle jedoch zu weit und ist mit den vorliegenden Ergebnissen auch nicht weiter begründbar.

Ein interessanter Unterschied zwischen den Geschlechtern trat widererwartend bei Frage 10) zu Tage. Demnach haben weibliche Seminarteilnehmerinnen ein deutlich stärkeres Gefühl (2,3) von mehr weiblichen als männlichen Lehrkräften unterrichtet worden zu sein, als die männlichen Seminarteilnehmer (3,3). Das kann zum einen an der kleinen Stichprobenzahl und tatsächlicher Unterschiede der Geschlechtsverteilung der Lehrkräfte an unterschiedlichen Schulen liegen oder aber an einer etwas divergierenden Wahrnehmung. Für aussagekräftige Deutungen wären entsprechende Statistiken zusätzlich vonnöten, weshalb das Ergebnis nur als interessantes Randphänomen erwähnt werden sollte.

Wiederum deutlich aussagekräftiger ist die unterschiedliche Reaktion auf Frage 2). Entsprechend stimmt der weibliche Teil des Plenums merklich darin überein, dass Lehrerinnen einfühlsamer sind und eher auf SchülerInnen eingehen als Lehrer (2,3). Dem entgegen stimmt der männliche Teil darin nicht überein (3,7). Eine der Ursachen kann die gegenseitige einfachere Identifikation und das bessere Verständnis zwischen Lehrerinnen und Schülerinnen sein, wie sie die Hessische Interaktionsstudie bereits aufdeckt (Enders-Dragässer/Fuchs 1989). Außerdem ist denkbar, dass die eigene Erfahrung der ‚ehemaligen Schülerinnen' vom Selbstkonzept und Wunschdenken der ‚angehenden' Lehrerinnen überlagert wird. Um das zu überprüfen wäre es noch hilfreich gewesen, eine entsprechende Gegenaussage ‚Lehrer gehen eher auf SchülerInnen ein' zu formulieren. Vielleicht spielen zudem auch geschlechtsspezifische Vorurteile mit hinein, die den Frauen häufig stärker die sozialen Kompetenzen – zu denen Einfühlungsvermögen gehört – zuschreiben. Nach der Attibutionstheorie (Heider 1977) konnten dabei die Frauen diese in diesem Fall durchaus positive Zuschreibung viel leichter akzeptieren als die davon nicht positiv betroffenen Männer, die sie in diesem Fall deutlich ablehnen.

Abschlussdiskussion

Zur Abrundung und aktiven Auseinandersetzung mit dem Thema sollte im Anschluss an die Auswertung der Studie noch eine Abschlussdiskussion stattfinden. Dafür wurden von mir drei Diskussionsfragen vorbereitet:

1. Darf man zugunsten einer aufgelockerten, humorvollen und entspannteren Unterrichtsatmosphäre (im Rahmen) gewisse Grenzen als Lehrkraft überschreiten?

2. Sollte es Mechanismen zur Lehrerkontrolle (in Form von Schülerbewertungen/Evaluationsbögen, Referendaren oder Inspekteuren) geben?

3. Ist es heute, nach einer Zeit der Mädchenförderung, nötig geworden, Junge gezielt zu fördern? Wenn ja, wie?

Die erste Frage sollte dabei vor allem dazu dienen, den von Budde (Budde 2005) stark kritisierten Lehrertyp mit ‚Kumpelattitüde' zu diskutieren und gemeinsam einen guten Mittelweg zwischen humorvollem und entspanntem Unterrichtsklima bei Wahrung aller erforderlicher Grenzen zu finden. Da Humor und Lockerheit zwar vom Lehrerberuf gefordert sind, auf der anderen Seite aber viel Feingefühl gefordert ist, dies in angemessener Weise in den Unterricht einfließen zu lassen. Die Frage sollte somit auch Möglichkeit zur Selbstreflexion bieten, um als künftig Lehrer zu wissen, wo – bei allem Spaß und bei aller Lockerheiten – Grenzen einfach eingehalten werden müssen.

In der zweiten Frage sollte das Problem des einseitigen Bewertungsverhältnisses noch einmal aufgegriffen werden, das wir durch das Vorstellen der Internetplattform ‚Spickmich.de' bereits aufgeworfen hatten. Dabei sollte es darum gehen, ob es eine sinnvolle und konstruktive Form der Lehrerevaluation geben kann und sollte, die die Lehre in Zukunft verbessern und uns, als angehenden Lehrern, Anregungen und Rückmeldungen geben kann.

Die letzte Frage, die auch bei Einhaltung des Zeitplans nur als Reservefrage konzipiert war, sollte dann auf die Problemstellung eingehen, die im Filmbeitrag[3] aufgeworfen worden war: Sind Jungen heutzutage in der Schule benachteiligt. Zusätzlich hätte die Frage die Möglich-

---

[3] Bericht „Jungs – das schwache Geschlecht" von Nina Kupfer im Rahmen der Serie Mona Lisa im ZDF

keit gegeben, die aufgrund der Kürze des Beitrags sehr einseitige Sichtweise kritisch zu besprechen.

Zu den Abschlussfragen hat die Zeit im Referat leider nicht mehr gereicht, sodass Beiträge des Plenums an dieser Stelle leider nicht erwähnt werden können. Dafür kamen an anderen Stellen, vor allem im Kapitel ‚Die SchülerInnen aus Lehrersicht' spontan zahlreiche Diskussionen zu Stande. In diesen war sehr deutlich zu erkennen, dass sich sehr oft persönliche Erfahrungen und empirische Breitenuntersuchungen nicht decken und deshalb die Skepsis gegenüber vielen Forschungsergebnissen trotz ausreichender Stichprobenzahl sehr hoch bleibt. Nicht zuletzt diese Tatsache führte zu vielen Wortmeldungen und Gegenbeispielen, die auch die Einhaltung unseres Zeitplans für das Referat unhaltbar gemacht haben. Generell lässt sich bei der Genderproblematik ein hohes Maß an emotionaler Beteiligung in Diskussionen feststellen, was eine hohe Meldungsfrequenz zur Folge hat und die Einhaltung des Zeitplans immer dann erschwerte, wenn man interessante Diskussionen nicht im Keim ersticken wollte.

Auch ohne die vorgesehene Abrundung am Ende war die Beteiligung des Plenums bis zuletzt sehr hoch. Zugunsten der Vielseitigkeit und Anschaulichkeit – zweifacher Einstieg, Studie, Videobeitrag und zahlreiche Diskussionen – war es nicht möglich innerhalb der Zeit inhaltlich noch weiter in die Tiefe zu gehen, aus meiner Sicht konnte das Referat aber einen gelungenen und ansprechenden Überblick über das Thema „Interaktion zwischen Lehrkräften und Mädchen und Jungen" vermitteln.

Anhang

Eberhard Karls Universität Tübingen
Fakultät für Sozial- und Verhaltenswissenschaft
Institut für Erziehungswissenschaft
Pädagogische Studien: Mädchen und Jungen in der Schule
Dozentin: Anja Nold
WS 09/10

Schülerfragebogen zum Thema „Lehrerinnen und Lehrer in der Schule"

Bitte beantworte den folgenden Fragenbogen, indem du jeweils ein Kreuz in das Kästchen mit der Nummer setzt, die deine eigenen Erfahrungen am ehesten widerspiegelt.
(1 = stimmt voll und ganz, 2 = stimmt eher, 3 = teils, teils, 4 = stimmt eher nicht, 5 = stimmt ganz und gar nicht)

Allgemeine Angaben: ☐männlich   ☐weiblich

Frage 1) Eine weibliche Lehrkraft ist mir lieber als eine männliche.

☐   ☐   ☐   ☐   ☐

1   2   3   4   5

Frage 2) Lehrerinnen sind einfühlsamer. Sie gehen eher auf Schüler ein als Lehrer.

☐   ☐   ☐   ☐   ☐

1   2   3   4   5

Frage 3) In naturwissenschaftlichen Bereichen ist ein Lehrer stets kompetenter.

☐   ☐   ☐   ☐   ☐

1   2   3   4   5

Frage 4) Ein Lehrer wirkt meist autoritärer als eine Lehrerin.

☐   ☐   ☐   ☐   ☐

1   2   3   4   5

Frage 5) Lehrerinnen bevorzugen immerzu die Mädchen einer Klasse.

☐   ☐   ☐   ☐   ☐

1   2   3   4   5

Frage 6) Bei einer Lehrerin ist der Unterricht stets interessanter gestaltet als bei einem Lehrer.

(verstärkter Einsatz von Medien, ...)

☐   ☐   ☐   ☐   ☐

1   2   3   4   5

Frage 7) Lehrerinnen machen häufiger Gruppenarbeit.

☐   ☐   ☐   ☐   ☐

1   2   3   4   5

Frage 8) In Sachen Disziplin greift ein Lehrer härter durch und hat die Klasse besser unter Kontrolle.

☐   ☐   ☐   ☐   ☐

1   2   3   4   5

Frage 9) Ich kann mich besser mit einer Lehrerin identifizieren als mit einem Lehrer. Lehrerinnen erfüllen eher eine Vorbildfunktion.

☐   ☐   ☐   ☐   ☐

1   2   3   4   5

Frage 10) Ich habe insgesamt mehr weibliche als männliche Lehrkräfte.

☐   ☐   ☐   ☐   ☐

1   2   3   4   5

Eberhard Karls Universität Tübingen
Fakultät für Sozial- und Verhaltenswissenschaft
Institut für Erziehungswissenschaft
Pädagogische Studien: Mädchen und Jungen in der Schule
Dozentin: Anja Nold
WS 09/10

Lehrerfragebogen zum Thema „Mädchen und Jungen in der Schule"

Bitte beantworten Sie folgenden Fragenbogen, indem Sie jeweils ein Kreuz in das Kästchen mit der Nummer setzen, die Ihre eigenen Erfahrungen am ehesten widerspiegelt.
(1 = stimmt voll und ganz, 2 = stimmt eher, 3 = teils, teils, 4 = stimmt eher nicht,
5 = stimmt ganz und gar nicht)

Allgemeine Angaben:
☐ männlich   ☐ weiblich   Fächer: .... Alter: ......

Frage 1) Ich empfinde die Arbeit mit Mädchen als unkomplizierter gegenüber der Arbeit mit Jungen.

☐ ☐ ☐ ☐ ☐

1   2   3   4   5

Frage 2) Ich arbeite mit Mädchen und Jungen in gleichem Maß gern.

☐ ☐ ☐ ☐ ☐

1   2   3   4   5

Frage 3) Unruhe und Störverhalten geht im Schnitt eher von Jungen aus als von Mädchen.

☐ ☐ ☐ ☐ ☐

1   2   3   4   5

Frage 4) Ich differenziere mein Verhalten gegenüber Mädchen und Jungen.

☐ ☐ ☐ ☐ ☐

1   2   3   4   5

Frage 5) Mädchen reagieren anders auf meine Person als Jungen.

☐ ☐ ☐ ☐ ☐

1   2   3   4   5

Frage 6) Jungen sind im Schnitt interessierter an meinen Fächern als Mädchen.

☐ ☐ ☐ ☐ ☐

1   2   3   4   5

Frage 7) Die Vermittlung von Regeln und Disziplin ist bei Jungen eher notwenig als bei Mädchen.

☐ ☐ ☐ ☐ ☐

1 2 3 4 5

Frage 8) Jungen arbeiten im Durchschnitt stärker mündlich im Unterricht mit als Mädchen.

☐ ☐ ☐ ☐ ☐

1 2 3 4 5

Frage 9) Die schriftlichen Leistungen der Mädchen sind oft besser als die der Jungen.

☐ ☐ ☐ ☐ ☐

1 2 3 4 5

Frage 10) Mädchen zeigen ein stärker ausgeprägtes Verantwortungsbewusstsein.

(Pünktlichkeit, Erledigung von Hausaufgaben, …)

☐ ☐ ☐ ☐ ☐

1 2 3 4 5

Bibliografie

Alicke, M. D. et al. (1995): "Personal contact, individuation, and the better-than-average effect." In: *Journal of Personality & Social Psychology* 68. S. 804-825.

Budde, Jürgen. (2008): *Geschlechtergerechtigkeit in der Schule: Eine Studie zu Chance, Blockaden und Perspektiven einer gender-sensiblen Schulkultur.* Juventa: München.

Budde, Jürgen. (2005): *Männlichkeit und gymnasialer Alltag : Doing Gender im heutigen Bildungssystem.* Transcript: Bielefeld.

Enders-Dragässer, Uta/ Fuchs, Claudia (1989): *Interaktionen der Geschlechter: Sexismusstrukturen in der Schule.* Juventa: Weinheim und München.

Frasch, Heidi/Wagner, Angelika (1982): "Auf Jungen achtet man einfach mehr ...". In: Brehmer, Ilse: Sexismus in der Schule. Der heimliche Lehrplan der Frauendiskriminierung. Beltz: Weinheim, S. 260-278.

Heider, Fritz (1977): *Psychologie der interpersonalen Beziehungen.* Klett: Stuttgart.

Kreienbaum, Maria Anna/ Urbaniak, Tamina (2006): *Jungen und Mädchen in der Schule: Konzepte der Koedukation.* Cornelsen: Berlin. 87-91.

Nyssen, Elke/ Kampshoff Marita et. al. (1996): „Geschlechterverhältnisse im Klassenzimmer – Die Sicht der Schülerinnen und Schüler" in: Elke Nyssen (Hrsg.): *Mädchenförderung in der Schule: Ergebnisse und Erfahrungen aus einem Modellversuch.* Juventa: Weinheim und München. 205-227.

Schultheis, Klaudia (2006): *Kinder: Geschlecht männlich. Pädagogische Jungenforschung.* Kohlhammer: Stuttgart.

Spiegel Online: Schulspiegel. *Schlechtere Noten für Jungen.* 07.11.2005. Stand: 22.11.2009. < http://www.spiegel.de/schulspiegel/0,1518,383709,00.html>.

Stern Online: *Lehrer im Internet: Pranger für Pauker.* 11.06.2007. Stand: 22.11.2009. < http://www.stern.de/digital/online/lehrer-im-internet-pranger-fuer-pauker-590635.html>.